*Alles Göttliche auf Erden
ist ein Lichtgedanke nur.*

Friedrich Schiller

Udo Brückmann

Gedanken aus Licht
Gedichte

BOOKS ON DEMAND

Bibliografische Information der Deutschen Nationalbibliothek:
Die Deutsche Nationalbibliothek verzeichnet diese Publikation in der
Deutschen Nationalbibliografie; detaillierte bibliografische Daten
sind im Internet unter *http://dnb.d-nb.de* abrufbar.

Umwelthinweis:
Dieses Buch wurde auf chlor- und säurefreiem Papier gedruckt.

Copyright © 2014 Udo Brückmann

Herstellung und Verlag: BoD - Books on Demand, Norderstedt
Umschlag: Udo Brückmann
Printed in Germany

ISBN 978-3-7347-3654-4

Vorwort

Die „Gedanken aus Licht" bestehen aus einhundert Gedichten und möchten den Leser in ein anderes Bewusstsein hineinbringen. Ein Bewusstsein von Spiritualität und Harmonie, von innerer Freiheit und Selbstreflexion. Es ist ein Weg mit unterschiedlichen Abzweigungen auf unterschiedlichen Ebenen.

Wie weit man dazu bereit ist, diese Abzweigungen oder Dimensionen zu entdecken, bleibt jedem Leser persönlich überlassen. Lyrik darf auch einfach nur schön sein – und bietet darüber hinaus die Möglichkeit, hinter das eigene Spiegelbild zu schauen. Scheinbare Widersprüche lassen größere Zusammenhänge sichtbar werden. Der Begriff der „Schöpfung" spielt eine zentrale Rolle. Die Perspektive ist universell.
Gedichte mit und ohne Reimschema – im klassischen und im modernen Stil – wechseln sich ab, um die jeweils andere Form hervorzuheben.

Die Reise in das eigene Bewusstsein kann Zeit und Raum überwinden, da es mit einem zeit- und raumlosen Ort in Verbindung steht: Dieser Ort ist das eigene Herz, das eigene Ich, das eigene Selbst, die Seele oder die unsterbliche Energie des Lebens. Damit ist nicht ein unwiderruflich vorgegebenes Schicksal gemeint, sondern die Frage, ob der Mensch als Teil der Schöpfung das eigene Leben durch die Kraft der eigenen Gedanken beeinflussen kann?

Wenn die Gedanken aus Licht bestehen, aus reiner Freude, aus Liebe, aus Lachen, aus Mitgefühl, dann sind sie von außen nicht mehr durch Unfreiheit zu lenken. Das Gegenteil ist der Fall: Sie strahlen in die Welt hinein, können diese in positiver Weise verändern und laden dazu ein, kleine und große Wunder zu bewirken. Die Gedanken nehmen als lichtgleiche Wesen Gestalt an und werden schließlich zu Taten.
Wenn man anfängt zu begreifen, dass man keineswegs nur ein physischer Körper mit einem trennenden Verstand ist, wird deutlich, dass spirituelle Freiheit ein unbegrenztes Bewusstsein hat. Geistige Grenzen werden überwunden. Es offenbart sich ein Potential, das jedem Menschen von Geburt an innewohnt. Es ist nicht von Bedingungen abhängig, es ist einfach vorhanden. Es ist da für jeden Menschen, um es lichtvoll zu nutzen. Gerade darin liegt die Verantwortung sich selbst und anderen gegenüber.

Dabei ist es wichtig, immer in der Gegenwart zu sein, im Jetzt. Die Vergangenheit besteht nur aus der Erinnerung und die Zukunft gibt es noch nicht, denn sie ist nur eine Vorstellung.

Dem Leser wünsche ich viel Freude und Inspiration mit meinen Gedichten, den „Gedanken aus Licht". Lassen Sie sich berühren, entführen und verzaubern.

                                                Udo Brückmann

Der Zug

Die Schienen
Führen in das Tor der Fülle
In einem langen Zug
Bin Ich
der einzige Passagier
In jedem Waggon
Meiner Gedanken
Schreite ich leise
Durch die Gänge
Nur die Tür
Der Lokomotive
Bleibt noch verschlossen
Denn die Schienen
Auf dem Weg
Durch das Tor der Fülle
Entstehen erst
Während der Fahrt

Weltenschiff

In der Ferne Nähe finden
Mit der Weite sich verbinden
Das Weltenschiff verlassen
Den Augenblick im Jetzt erfassen
Frei von aller Vorbestimmung
Ist Erkenntnis die Bedingung
Neue Welten zu erspüren
Die in alte Meere führen

Um die Segel neu zu nähren
Neue Schiffe zu gebären
Die auf Sternenwasser schwimmen
Und dem Geistesblitz entspringen
Alle Grenzen aufzuweichen
Um sich selber zu erreichen
Alle Grenzen festzulegen
Um der Welten Freiheit wegen

Die Halle der leuchtenden Gedanken

Von Laub bedeckt sind die Ruinen
Die alte Pracht verfällt
Das Areal bestückt mit Mienen
Ein Turm, der nun erzählt

Wie einst mit leichten Schritten
Bewohner aus dem ganzen Land
Im Einklang mit verlorenen Sitten
Zuerst das Herz, dann den Verstand

Berühren, um das Lob zu singen
Große Worte, die sich geistvoll ranken
Den höchsten Grad der Kraft erringen
In der Halle der leuchtenden Gedanken

Ohne Worte

Die Stille
Zerreißt
Das gespannte Feld
Des Kreises
Und verwandelt
Die starre Landschaft
In ein Paradies
Schließe die Augen
Und höre
Was die Welt
Dir sagen will

Frühling

Die Luft ist kühl, doch voller Süße
Langsam tauen Sorgen auf
Erste, zarte, grüne Grüße
Winken schon mit einem Hauch

Symphonien aus Vogelstimmen
Spinnen knüpfen Schicksalsnetze
Wolkenspiegelbilder schwimmen
Wasser und Himmel vertauschen die Plätze

Sonnenstrahlen nehmen Menschen an die Hand
Erwecken neue Lebensgeister
Eis und Kälte sind gebannt
Und jeder Lehrling wird zum Meister

Augenblick

Wenn der Mond
Seine sieben Türen öffnet
Um all die Wege
Zu empfangen
Die in den Himmel
Zeigen
Berühren sich zwei Menschen
Im sanften Schein
Wie zufällig
Mit den Händen
Und verschmelzen
Mit den sieben Herzen
Zu einem Augenblick
Der Ewigkeit

Es werde

Mein Blick schweift in die Ferne
Und mit mir mein Leben
ICH BIN – und bin es gerne
So nimm es, um zu geben

Wasser sammelt sich zu einer Pfütze
Göttlichkeit umrahmt von reicher Erde
Vergänglichkeit ist mir die Stütze
Ruf ich vergnügt: Es werde

Kreislauf

In den Gärten
Der Erinnerung
Wachsen jedes Jahr
Aufs Neue
Vertraute Blumen
Mit winzigen Spiegeln
Die das kommende Licht
Der Zukunft
Reflektieren
Als Erinnerung

Grenzenlos

Im Inneren der Sonne
Ist das Licht
Die Grenze
Des Universums
Genauso wie im Inneren des Menschen –
Und das Licht ist grenzenlos

Monsun

Das Dritte Auge ist erwacht
Und sieht die Welt mit neuem Blick
Die Weisheit wird herbei gelacht
Das Leben strahlt in hellem Licht

Auf den Dächern der Erinnerung
Liegt der Staub der toten Jahre
Und verdeckt den dunklen Grund
Der nie gehörten Klage

Bis der Monsun Erleuchtung bringt
Aus jedem Tropfen prasseln Farben
Wenn ein großer Chor von Kindern singt
Im Hier und Jetzt, an hellen Tagen

Anfang

Unaufhörlich
Unbemerkt
Unbekümmert
Zart und zerbrechlich
Doch stark
Wie jeder Stein
Durchlässig
In feenhafter Unschuld
In der ungeduldigen
Liebe
Des Anfangs

Die Türen

Die Türen sind offen, willkommensbereit
Der neuen Epoche der lichtvollen Zeit

Die Türen sind Fenster der Vorstellungskraft
Durch diese zu schauen ins Dasein gelacht

Die Türen sind Erker der Tanzsäle Hallen
Verbindend den liebenden Blicken verfallen

Die Türen sind Dächer aus goldenen Ziegeln
Der friedvollen Städte auf Heiligen Hügeln

Die Türen sind Kammern, um Ruhe zu atmen
Voraussagt das Schicksal die Ziehung der Karten

Die Türen sind Räume ohne Begrenzung
Zur Kindheit zu reisen ist die Ergänzung

Die Türen sind Wege zum gläsernen Sarge
Der Narr der Erweckung verkleidet als Barde

Die Türen sind Wesen, die Wissen genießen
Ab jetzt alle Türen nie mehr zu verschließen

Kraft der Entschlossenheit

Erhabenheit
Über das eigene Selbst hinaus
Im Einklang des Bewusstseins
Der gewählten Kontrolle
Bringen Neue Ideen
Mit unbändigen Einschlägen
Und kraftvollen Schüben
In eine andere Welt
Der ungelebten Gedanken
Der nahenden
Wirklichkeit

Spuren im Sand

Das Treibgut der Seele spült an den Strand
Peitscht auf die Steine in angstvoller Kraft
Aus tiefen Gedanken entspringt dieses Land
In das Schicksal hinein führt dieser Schacht

Ohne zu ahnen, dass Welten entstehen
In anderen Sphären der schimmernden Bäume
Wenn endlose Spuren im Sande verwehen
Begreifen die Menschen fantastische Träume

Dann wandelt sich die alte Wirklichkeit
In ein hohes, wissendes Gebäude
Horizonte werden in der Ferne weit
Und öffnen für alle die Quelle der Freude

Das Schicksal ist tot, wenn Gedanken verweilen
Befehlen dem Leben die prägende Sicht
Die blutenden Bäume besiegen das Leiden
In jeder Seele strahlt goldenes Licht

Das Licht der Welt

Wenn keiner an dich glaubt
Du bist das Licht der Welt
Wenn keiner dir vertraut
Du bist das Licht der Welt
Wenn alle Stricke reißen
Du bist das Licht der Welt
Und Freunde Feinde heißen
Du bist das Licht der Welt
Wenn niemand dich vermisst
Du bist das Licht der Welt
Denn die Welt sagt dir: Du bist!

Unsterblichkeit

Mehr als ein Mensch
Empfindung
Das Versprechen halten
Sich selbst gegenüber
Geballte Fäuste
Finden kein Gehör
Während Spuren im Schnee
Verwehen
In Zeitlupe
Unentdeckt
In der Unsterblichkeit
Der Jahrhunderte
Die unbeirrbare Überzeugung
Mehr als ein Mensch
Zu SEIN

Sämtliche Wünsche

Im Grau der gefrorenen Liebe
Bricht sich ein Tropfen ganz still seine Bahn
Ein Zapfen aus Eis, der stetig so bliebe
Hätte all seine Leben vertan

So tauen Gedanken, erfinden sich neu
Im edlen Bewusstsein der Neuen Substanz
Sind und bleiben der Gegenwart treu
Erwecken den immerwährenden Tanz

So soll es sein, wenn die Strahlen sich treffen
In einem Prisma sich bündeln, sich gleißend vereinen –
Die Monde von einst sind fort und vergessen
Die kosmische Kraft ersetzt alles Leiden

Leichtigkeit trägt alle Herzen
Und löst jetzt auf, was einst geschah
Es brennen von selbst die Heiligen Kerzen
Und *sämtliche* Wünsche werden nun wahr

Für jeden

Für jeden
Der stirbt
Wächst ein Baum
Verwurzelt
In den Freuden des Lebens
Der kräftige Stamm
Verliert sich
In zarten Ästen
Und geht unsichtbar über
In die alles umspannenden Wurzeln
Des Lichtes

Gelb Rot Blau

Gelb sei die Sonne
Rot der Verstand
Blau das Gefühl
Der Harmonie Klang

Sinn der Gestaltung
Der Trinität Lust
Bewirken zusammen
Den Schöpfungsgenuss

Bilden die Basis
Von allem, was ist
Durch Kombination
Wird die Welt wach geküsst

Ich danke dem Gelb
Mein Dank gilt dem Rot
Verehrung dem Blauen
Sei mir ein Gebot

Aus diesen Farben
Der Kosmos gesät
Will nicht hinterfragen
Was ewig besteht

Immer mehr

In den Fluten
Der Zukunft
Möchte ich den Untergang
Durchbrechen
Um durch die Gemeinschaft
Alles Unfreie
In einer einzigen Sekunde
Erstarren zu lassen
Die als Ewigkeit
Das unendliche Dasein
In einen gewaltigen Urknall verwandelt
Und das Gefängnis der Zeit
Überwindet
Immer mehr

Verbunden

In der Ferne, in der Weite
Spielt die Sonne mit den Strahlen
Und im Kreislauf der Gezeiten
Verblassen alle Fragen

Um die Seele zu ergründen
In einem Meer von Wärme
Ist zu fühlen und zu finden
Das Geheimnis all der Sterne

Tief berührt, im Licht verbunden
Ziehen Wolken aus den Herzen
Das große Ganze zu umrunden
Sind wir Wesen die Gefährten

Perspektive

Die rastlose Suche
Nach der Frage
Auf all die Antworten
Ist das Erkennen der Kugel
Aus der Sicht des Kreises

Der Segen des Buddha

In brennender Hitze in Heiligen Flüssen
Tauchen die Seelen der Menschen in Wasser
Sie teilen erfrischt mit anderen ihr Wissen
Und küren einander den betenden Meister

Der aufgestiegen weit im Himmel thront
Und doch die Erde nie verlassen hat
Der den Glauben und die Kraft belohnt
So dreht sich still das Lebensrad

Unter einem Feigenbaum in sanfter Stille
Durchläuft der Geist acht reine Stufen
Es bleibt zurück der feste Wille
Das Rad des Lebens hier zu rufen

Es liegt an dir dich zu bekehren
Um neu zu steuern, neu geboren
Den Frieden nur allein verehren
Hast du dich Selbst nun auserkoren!

Wunder

Um zu verstehen
Was ein Wunder ist
Braucht es keine Zeit
Sondern
Die Entschlüsselung
Des richtigen Moments
Kurz vor dem Jetzt

Alles

Was Himmel und Erde verbinden
Ist aus demselben Stoff gemacht
Wenn Himmel und Erde verschwinden
Ist jeder Gedanke zu Ende gedacht

Endlos

Ich berühre dich
Und weiß – und weiß doch nicht
Was meine Hände tun
Lässt nicht den Atem ruhen
In einer hell erschaffenen Welt
Die ohne Urteil nur ein Urteil fällt
Unabdingbar einem Wirbel gleich
Auferstanden aus dem Reich
Der weit entfernten Nähe
Die ich mit dem Herzen sehe
Im Augenblick der Ewigkeit
Bin ich nur für dich – für dich bereit
Das Abenteuer zu erschließen
Ein neues Leben zu begrüßen
Mit einem Stern, den ich dir bringe
Dass diese kühne Tat gelinge
All das zu finden vor den Augen
Und nicht mehr zweifeln, sondern glauben
Jede Zukunft ist vergessen
Was zählt, ist nur das Wissen
Um das eine große Licht
Das sich im Hier und Jetzt im Spiegel bricht
Ich bin Du – und Du bist ich
Und ich berühre dich:
Im Licht! Im Licht! Im Licht!

Gefangen

In den Nächten
Der Verschwiegenheit
Höre ich die Trommel
Die deinen Herzschlag fühlt
Als stünde ein Altar
Auf den geheimen Mauern
Eines gläsernen Fundamentes
Und die Finsternis
Des nahenden Sieges
Führt auf den alten Pfaden
Hin zu den unerreichbaren
Labyrinthen der Liebe

Fluss des Daseins

Angespitzte Folter-Pfähle
Durchdringen die Betrunkenheit
Durchdringen jede Kehle
Die Tilgung ist nunmehr bereit

Auf Konten schwarz verbuchend
Suchend

Den Tod daran zu hindern
Die Sanduhren zu köpfen
Verbunden mit den Kindern
Eine Blume neu zu schöpfen

Der Erkenntnis wegen
Erden-Segen

Zu stillen allen Durst
Als Mensch sich zu erheben
Zu steigen in den Fluss
Im Fluss des Daseins leben

Erwachen

Starre Augen
Gemeißelt aus Stein
Erwachen zum Leben
Auf fünf Kontinenten
Trotz der Entfernungen
Schauen sie
Einander an
Magische Zeichen
Treten hervor
Fabelwesen
Schauen zum Himmel
Wo alle Blicke sich treffen
Vereint in einem Punkt
Um einen neuen Planeten
Im All
Zu erschaffen

Immer wieder

Vergessenheit ist die Bedingung
Worte wählen fällt mit schwer
Doch aller Anfang der Erinnerung
Ist ein Festumzug der Wiederkehr

Der Leuchtturm meiner Meere
In der Zwischenwelt des Wales
Dient dem Reichtum meiner Leere
Im Dienst des goldenen Strahles

Regentropfen

Tropfen von Regen fallen hernieder
Nähren die Pflanzen, die Knospen des Lebens
Schwimmen beim Singen in fruchtbare Lieder
Schließen den Kreis des humanen Verstehens

Vom Bach, zum Fluss, zum Meer hinaus
Betten uns ein in fünf Kontinente
Der Strom der Undinen verlässt ihren Lauf
Gewähren uns Wesen die Erd-Alimente

Das Wasser verdampft, wird zu Eis, wird vergehen
Es bleibt uns erhalten der ewige Geist
Da Leiber fast nur aus Wasser bestehen
Sind Seelen mit jenen Tropfen verschweißt

Tropfen von Nektar, dem Göttlichen Trank
Empfangen von Aton den quellenden Segen
Das Weltall umfließt seine Sterne zum Dank
Des Äthers Geschöpfe sind selber der Regen

Wenn…

Wenn die Blätter fallen
Im Morgengrauen
Und die Nebel
Der uralten Täler
Sich lichten
Wenn die Blätter fallen…

Engel des Lichtes

Als wäre es gestern gewesen
In der Mitte zentriert, in goldenen Wolken
Die Zukunft ist Heute das Leben
Es würde ein Dasein ohne ein Sterben bezeugen

Wir kommen zusammen – vereinigt im Geiste
Die Freude betrachtet am Himmel die Funken
Wenn unendlich die Engel den Aufstieg verheißen
Ist das alte Bewusstsein im Heute versunken

So bleiben die kosmischen Blumen verschont
Die Bäume des Weltalls umspannen die Äste
Im Blütenkelch – genau in der Mitte – da thront
Der See und begrüßt seine Gäste

Im Heiligen Wasser der kommenden Flüsse
Sind Seelen des Lichtes in Liebe verloren
Hingebungsvolle und zärtliche Küsse
Sind in allen Momenten für immer geboren

Verbrennen des Feuers

Zögern
Ohne Zeit
In einer Explosion
Zerrissen
Durch den inneren Blick
Der unaufhörlichen Einstiche
Ohne Blut
Wie ein Vulkan
Im stetigen Ausbruch
Im Verschlingen der Explosion
In einer Zeit
Der leblosen
Verschwendung
Ein einziger Gedanke
Kann alles ändern

Die vergessenen Worte

Seit Menschengedenken sind wir auf der Suche
Mit sterbenden Körpern in treibendem Schnee
Zu finden die Zeilen im Heiligen Buche
Die treibenden Winde sind stärker denn je

Erstarrende Landschaft des inneren Schauens
Der Einbruch des Winters ist nur Illusion
Die Nächte des Todes sind Nächte des Grauens
Schachbrettfiguren verspotten den Hohn

Der Scheuklappen Schriften entleeren den Geist
Auf verborgenem Grund ruht falsche Kultur
In Gärten des Daseins sind Blumen vereist
Das Bildnis der Götzen leistet den Schwur

Der Dunkelheit Kälte hemmt jede Entwicklung
Gedanken der Zukunft erfrieren im Feuer
Die Statuen der Güte sind Ziel der Vernichtung
Gemästet wird stetig das Welt-Ungeheuer

Das Heilige Buch ist Teil jedes Menschen
Auf Ganzheit zu bauen, mit anderen zu teilen
Verwirklicht in Taten und lichtgleichen Wünschen
ERKENNE DICH SELBST heißen die Zeilen

Spiegelbilder

Rückkehr in das Haus von Licht und Schatten
Heute ein Museum
Kleidung hinter Glas
Gegenstände
Die einst mir gehörten
Spielende Kinder wie Phantome
Bewusstseins-Hagel
Eine weiße Büste
Wie aus dem Gesicht geschnitten
Das Rad
Ist vollständig
Es bricht
Um sich neu zu verzahnen
Halbkugeln aus Licht
Werden wieder
Eins

Außerhalb

Wo Beichtstühle brennen
Sich Opfer bekennen

Wo Herzen geflutet
Die man nicht vermutet

Gefühle entarten
Blicke verraten

Wo Sehnsüchte tanzen
Sich trennen zum Ganzen

Wo ganz von alleine
Geworfen die Steine

Schutzmauern fallen
Fäuste sich ballen

Wo Worte verletzen
Das Selbstbild zerfetzen

Wo Seelen verbluten
Gefallene Rekruten

Hoffnungen sterben

Fragmente in Scherben

Wo Zeit nie mehr endet
Von Schmerzen geblendet

Wo Felder der Kriege
Beginnen bei

LIEBE

Formgebung

Verkleidet
Die Spitze eines hohen Berges
Nur eine Ahnung
Unsichtbare Strahlen
Heben das Niveau
Der Energie
Eines besonderen Ortes
Unsichtbar
Durch Linien verbunden
Mit den Nabeln der Welt
Und Monumenten aus Stein
Bewahren
Durch Vernetzung
Die Form der Erde
Und ihren
Herzschlag

Die letzten Tage

Alle Ungewissheit weicht
Zugunsten der
Allumfassenden
Wiederkehr
Doch die letzten Tage
Werden nur dann
Kommen
Wenn man bereit ist
Sie zu vergessen

Ich sehe

Wenn alles, was mir wichtig
Im Strudel tiefer Quellen
Bleibt unentdeckt und nichtig
Gebrandmarkt jene Stellen

Die mit dem Blut der Heiligkeit
In jenem Kelch geheim verborgen
So sag ich schlicht: Ich bin bereit
Zu schauen auf das Licht im Morgen

Alles in allem

In Gedanken verloren
Bin wiedergeboren
Zu gehen auf dem Licht
Das zweite Gesicht
In Erkenntnis zu schwimmen
Die Weisheit zu bringen
Zum Buddha zu werden
Frei von Beschwerden
Als Christus zu wandeln
Im Geben zu handeln
Mohammed zu sein
Als Brücke allein
Als Krishna zu lenken
Das Ego verschenken
Die Welt neu begreifen
Als Rad ohne Reifen
Einander sich finden
Sich verzahnen, verbinden
Um für alle Zeiten
Das Glück auszuweiten

Im Wasser der Zeit

Die Geschehnisse des Seins
Veranlassen
In den dunklen Stunden
Der neuen Nacht
Das persönliche Boot
Der Glückseligkeit
Im Sinne des eigenen Schutzes
Zu versenken
Um im Großen Meer der Seele
Wahre Geborgenheit
Zu finden
In einem Teil des Ganzen
Zwischen
Den undurchsichtigen Grenzen
Der Grenzenlosigkeit

Dazwischen

Müde der Blick
Nach innen gerichtet
Die Flucht ist vorbei
Damit sie neu beginnen kann
In finsteren Höhlen
Der stillen Schreie
Das Ziel
Jeden Weg
Noch einmal
Zu erfinden

Tibet

Durch der inneren Sonne nahe Verwandtschaft
Reinigt Wacholder die Tempel-Gefühle
Niedergebeugt bilden Körper die Landschaft
Der Geist lässt durch Karma rotieren die Mühle

In Katas umhüllt, der kargen Ästhetik
Zum Wohle des Erdenreichs Eingang
Kostbar der Thron des Physis versteht sich
In geistvollen, Mantra gesungenem Heimgang

Farbige Fahnen verkünden Erleuchtung
Glück und Respekt den beseelten Geschöpfen
Im Stillen erfährt das Licht stete Zeugung
Inkarniert in aufrecht bleibenden Köpfen

Entrollen der Bilder und Heiligen Schriften
Der Anwärter Prüfung als Zeremonie
Im Schneiden der Haare Befreiung verdichten
In Mandala-Ordnung der Geist-Harmonie

Umbruch

Die Freiheit liegt in Schranken
Und ruft mit den Kindern
Auf dem Platz der blutenden Steine
Nach Erlösung

Gedanken brennen ohne Einhalt
Vereint im Halbmond der Geschwister
Mit den Freunden
Des gekreuzigten Himmels

Die Nacht ist geflohen in die Asche
Und doch erhebt sich
Aus einem mächtigen Lichtstrahl
Der farblose Phönix
In der Geburt der allumfassenden
Farbenprächtigen Freiheit

Der Schlaf

Ein feiner Nebel aus Sternen
Geheimnisvoll und doch vertraut
Im Nahen genau wie im Fernen
Aus Gedanken und aus Licht gebaut

Schließe die Augen und lasse dich leiten
Durch verschlossene Pforten des Ewigen Lebens
Der Zauber der Farben wird sanft dich begleiten
Und Fäden der Liebe im Himmel verweben

Ein Baldachin der Träume
Beschütze wohlig deine Nacht
Der Seelen Äther Erdenbäume
Aus überreicher Sternenpracht

Sollen dich tragen hinaus in das Lächeln
Der beständigen, rauschenden Flüsse
Die sich im Kosmos der Freiheit erstrecken
Vollziehen die Engel die schlafenden Küsse

Kosmos

Innerhalb von Grenzen
Herrscht oft keine Ordnung
Dies geschieht erst
Nach Auflösung derselben
Denn Ordnung bedeutet
Kosmos

Säule der Weisheit

Kanäle durchziehen das fruchtbare Land
Schilf säumt die Ufer in schützendem Sinne
Gleich den Linien des Lebens in streckender Hand
Rauschen Winde als Botschaft mit menschlicher Stimme

Was einst zerbarst in Gut und Schlecht
In Habgier, Selbstsucht, Eitelkeit
Ist unterstellt dem Welten-Recht
Der Göttin größter Macht geweiht

Der Tempel der Venus entstehe aus Licht
Über dem Eingang in kosmischer Klarheit
Die Säule der Weisheit im Zentrum verspricht
In goldenen Lettern das edle Wort WAHRHEIT

Am Morgen

Das Glücksgefühl
Eines jeden Morgens
Ist die Urkraft
Aller Wesen
Und die frohe Erwartung
Zum eigentlichen Sein
Zurückzukehren

Götterfunken

Sommer
Auf einem Hügel
Ein kleiner Wald
Der geschwungene Feldweg
Führt hinunter
In die beleuchtete Stadt
Der Krönungen
Doch der Thron
Ist weit oben
In einer Kammer
Durch Blitz und Donner
Geadelt
Die Leichtigkeit
In der Freude
Immerwährend
Zu sterben
Und in der Freiheit
Immerwährend
Neu geboren zu werden

Vereinigung

An trüben Tagen, grau und klamm
Ist ein Relief von mir entstanden
Verwandelt in ein Hologramm
Wenn Sonnenschiffe landen
Und mir den Weg zum Himmel weisen
Mit dem Abbild weit zu reisen

Zum Ursprung ist der Weg nach vorn
Wenn Harmonie das Sein beschenkt
Entweicht beim Öffnen aller Zorn
Der Sturz sich in den Flügeln fängt
Das Zeichen am Himmel wird in mir erscheinen
Wenn Sonne und Mond sich wieder vereinen

Mit Dir allein

Komm mit mir
Und ich nehme dich an die Hand
Und führe dich
Bis an das Ende aller Tage
Dort, wo Stille und Friede sich bewahren
Wird die Wirklichkeit real
In großen Schritten
Macht die Welt
Vergessenheit
Zum Mittelpunkt
Und zwischen den Pausen
Warte ich darauf
Zeit zu verschwenden
Mit Dir allein

Quelle

Schönheit
Durchdringt kraftvoll
Alle Wesen
Vereint in einem Tropfen
So groß wie die Erde
Und so klein
Wie ihre Geschöpfe
Im Meer des Lebens
Träume
Erwecken unberührte Gedanken
Zu ungeahnten Taten

Helios

Im Chor der Zeit der Ewigkeit
Zu spüren den Gesang der Schöpfung
Ist deine lebende Ruhe
Dein wärmendes Lächeln
Die gewaltige Kraft
Der immerwährenden Gegenwart
Beim Aufgang im Osten
Die Revolution
Der Stille

Ich danke

Ich danke
Dass Du meine Welt mit mir teilst
Ich danke
Dass Du bei mir verweilst
Ich danke
Dass Du für mein Wort offen bist
Ich danke
Dass Du das Vergessen vergisst
Ich danke
Für Blicke, die mich begleiten
Ich danke
Für Deine verschiedenen Seiten
Ich danke
Für waghalsig tiefes Vertrauen
Ich danke
Für weitblickend gütiges Schauen
Ich danke
Für Worte, die mich berühren
Ich danke
Für Stärke, Verlust zu verlieren
Ich danke
Für alles, was Du mir erschaffen
Ich danke
Dem Schöpfer, mit dir zu lachen!

JETZT

Mir scheint – der Sturm zieht nun vorüber
Mir scheint – die Welt ist nicht mehr trübe
Mir scheint – allein die Sonne

Weil Ich jetzt zu mir komme

Es geht ein Lied gleichwohl als Schmerz
Es geht ein Lied vorbei – und himmelwärts
Es geht die Welt

Zu Sternen auf – und fällt

In Neue Dimensionen, zu strahlend hellen Ufern
In Neue Dimensionen durch fünf geheime Stufen
In Neue Dimensionen zum wirklich wahren Ich

Das durch Liebe sich verwandelt
Und durch Liebe auseinander bricht

Endlos jetzt
Bin Ich nicht Ich –

Und liebe Dich

Hoffnung

Wenn sich die Sonne nicht mehr zeigt
Und Nebelschwaden von Melancholie
Mich ergreifen
Dann entzünde ich
Ein Licht
In der Hoffnung
Dass es mich sieht

Traumreise

Eingehüllt in lichtem Nebel
Entdeckt mein Auge hohe Wellen
In mir tanzt ein Feuerwirbel
Auf dieser Reise zu den Quellen

Den Strand des Lebens will ich suchen
Auf einer Insel zwischen den Zeiten
Zu einem Gipfel führen unendliche Stufen
Jede Münze hat mehrere Seiten

Die Hälfte des Weges durch Erde und Luft
Muss ich verlieren mit Hilfe von Licht
Mein Körper durchtrennt die Schatten der Gruft
Außen wie innen finde ich – mich

Wechselspiel

Entspannung und Ruhe
Aufrecht
Die Handflächen
Berühren den Körper
An zwei Punkten
Die verschieden bleiben
Und doch synchron werden
Während der Fokus
Unter den Händen
Auf einem Gedanken ruht
Wechselspiel
Das durch alle Schichten
Hindurch
Die Realität verändern kann
Und dem Spiel des Lebens
Neue Regeln gibt
Wenn das Fenster
Sich nicht mehr
Öffnen lässt

Wandel

In mir
Ruht ein tiefer See
In dem nur meine
Ängste
Schon ertrunken sind
Ich selbst werde folgen
Und als Wissender
Gerettet

Die Ruhe der Hektik

Das ständige Treiben
Des nie zur Ruhe kommenden
Geistes
Kann so oder so
Betrachtet werden:
Für den einen ist es
Chaos
Für den anderen
Kreativität
Für beide
Ist es
Das Leben

Aufstieg

Die Wogen der rauschenden Meere
Der träumenden, wissenden Elfen
Sanft rudert die goldene Fähre
Wenn Blumen der Schöpfung verwelken

Dann fällt die Nacht über das Wasser
Doch heimlich, in lichtvollen Tiefen
Entleeren sich uralte Fässer
Mit Stimmen, die nach Erlösung einst riefen

Der Bann ist gebrochen, das siebente Siegel
Jedes Kristall ist Transformation –
Das Wasser bringt uns die fünf-fache Liebe
Der Sprung zu den Sternen ist allen der Lohn

Umdenken

Viele Menschen
Verlieren sich in Sorgen
Die Schöpfung hingegen nie
Darum sollte das Bewusstsein
Vieler Menschen
Wieder ein großer Teil
Der Schöpfung
Sein

Mediterran

Duftende Pinien
Promenade im tanzenden Schatten
Auf einer Bank verweilen
Glasklares Wasser
Der Wärme vertrauen
Auf Sand und Stein
Horizonte der Einfachheit
Olivenbäume mit silbernen Blättern
Erneuerung
Jeder einzelnen Zelle
Des schwebenden Körpers
Zitronenbäume
Ziehen Blicke an
Und lassen Augen
In sich ruhen
Im Gleichgewicht
Sämtlicher Sinne

Jeder Gedanke

Mit Lichtgeschwindigkeit
Durch das All zu reisen
Braucht viel Zeit
Im Raum:
Jeder Gedanke ist schneller

Reichtum

Schau in deinen Träumen nach
Was die Welt dir bieten will
Für *alles* bist du hier begabt
Verlange mehr und davon viel

Was auch immer deine Wünsche sind
Fordere die Erfüllung ein
Freu' dich wie ein Sonnenkind
Was noch nicht ist, wird bald so sein

Ursprung

Verborgen
In einem Wasserfall
Tief unter dem Meer
Schimmern blaue Kristalle
Ein Mythos
Erwacht
Aus dem Untergang
Der nie
Geschehen ist
Quelle der Energie
Die sich selbst
Erzeugt
Unbemerkte Eingriffe
In die Evolution
Quantensprünge
Durch die Technik
Heilender Gedanken
Im Nullpunkt

Chor der Künste

Anfangs, nur mit einer Stimme
In den Tiefen der Geburten Geist
Ist Zweifel - aus der Sicht der Dinge
Mit Ehrfurcht vor dem Ich vereist

Zu erschaffen aus dem Grab der Stille
Weit oberhalb, von dem was bleibt
In unbegrenzter Schaffens-Fülle
Durch ungezähmte Kraft geweiht

In Harmonie mit Händen singen
Und erst dann im Schöpfungs-Chor
Bringt jede einzelne der Stimmen
Ein Werk des Lichtes hell hervor

Nacht

In wohlig warmer Zeitenpause
Eingehüllt im eigenen Leib
Freue dich auf Dein Zuhause
Der Äther Strahlen trägt dich weit

Alte Fotos

Verschwommen und verblasst
Fotos aus Nebeltagen
Der Vergangenheit
Fremde Schätze
Der Vertrautheit
Durch entrückte Farben
Eingefangene Gesichter
Zusammenhänge erkennen
Um Kapitel zu schließen
Der Käfig steht offen
Gehen musst du selbst
Auf künftigen Fotos
Die darauf warten
Sichtbar zu werden

Der Knoten

Bestelle Dein Feld zur ruhmreichen Ernte
Pflanze in dich den Keim der Verwandlung
Singe das Lied, das die Stille uns lehrte
Begehe zuerst in Gedanken die Handlung

Warst einst in der Kammer zum Zweck der Verdichtung
Behutsam beschützt im Garten des Lernens
Musstest gewöhnen dich erst an die Rüstung
Dein eigenes Fahrzeug zum Zwecke des Sterbens

Zeige den Menschen, wie jeder es kann
Zu lösen den Knoten vom Tod
Zu brechen Materie, die Täuschung, den Bann
Und finden zurück in des Ur-Menschen Lot

Das Schneckenhaus

Am erdigen Boden das Haus einer Schnecke
Wodurch ich die Kindheit von einst neu entdecke

Bin fasziniert vom Perlmutt der Spirale
Suche nach Antwort, stell keine Frage

Der hölzernen Tafeln finden sich zwei
Des Wegweisers Richtung zu wählen ist frei

Indem immer enger die Windungen werden
Muss meine Zukunft durch Gegenwart sterben

Zu singen sich drehend im Uhrzeigersinn
Der Inhalt der Sanduhr heißt nunmehr ICH BIN

Gleite zurück in das Schneckengehäuse
Im Strudel der kosmischen Sternentor-Schleuse

Bereite mich vor auf die zweite Entscheidung
Am Ort in der Mitte der Wege-Verteilung

Ich öffne vermutend den goldenen Bügel
Im Augenblick später seh ich mich im Spiegel

Bin endlich am Anfang, in Ewigkeit gern

Schau auf mich herab – als mein eigener Stern

Ende?

Am Anfang war das Ziel
Und das Ziel war bei Gott
Und Gott sah
Dass es das Ende war:
Das Ende des Kreises

Weisheit der Bücher

Nachts
Wenn ich schlafe
Treffen sich meine Bücher
Aus allen Regalen
Um in meinem Inneren
Zu lesen
Sie finden
Worte
Die ich niemals
Denken würde
Sätze
Die ich niemals
Sagen würde
Und Romane
Die ich niemals
Schreiben würde
Die Bücher lächeln dabei
Weil alles bereits
In ihnen steht
Auf leeren Seiten

Metamorphose

Peitschend treibt der Wind voran
Äonen-fache Zaubertropfen
Wütend tobt der nackte Wahn
Hinter Wolkentürmen liegt das Hoffen

Graue Wände drücken nieder
Blätter wirbeln wild im Kreis
Was einst verloren kehrt nicht wieder
Der Kälte Docht wird heiß

Gefallenes Nass ertränkt den Boden
Welke Blumen wie gesteinigt
Sind der Schönheit jäh betrogen
In tiefer Trübsal stumm vereinigt

Dunkelheit gleich einer Seuche
Raubt den lichten Farben Würde
Ein Blitz gleich einem Dolche
Den Sturm mit einem Pakt verführe

Versengt der Erde Frucht und Samen
Belagert die besiegte Burg
Aus allen Fugen, allen Bahnen
Geraten ist des Blutes Durst

Der alte Brunnen scheint getroffen
In tiefsten Tiefen lauert Gift
Die Leiche hat sich nun erbrochen
Läuft bald ab die letzte Frist

Doch so kann es nicht werden!
Die Furcht verliert sich frei im Regen
Das Feuer wird den Blitz verderben
Der Gnade Macht bringt Weltenfrieden

Der Wille Blick erzeugt gekonnt
Entgegen all den Scherben
Den Silberstreif am Horizont
Die Dunkelheit muss langsam sterben

Die Wolkenschicht durchbricht die Lücke
Ein heller Strahl aus Atons Land
Der Sonne Ruhm zum schönsten Glücke
Reicht allen Menschen Ihre Hand

Und lässt den Himmel friedvoll beben
Der Schöpfungsakt, er ist geschafft
Und Blumen sind der Welten Segen
Der Schöpfungsakt, er sei vollbracht

Frei

Rastlose Schatten
Warten
Auf die Herrschaft
Über ein Bewusstsein
Unauffällig
Kontrolle
Hinter aufgesetzten Masken
Falschheit
Die freie Wahl
Bleibt
So lange im Dunkeln
Bis die Entscheidung
Frei zu sein
Alle Schatten
Verbannt

Geborgenheit

Sanfte Hände
Umfassen den Himmel
Und hüllen dich ein
In ein Meer von Liebe

Erinnerung

Ich denke voll Wehmut an künftige Tage
An unbekannte Insel-Orte
Die im Geist ich längst in mir trage
Doch fehlen zum Glück mir die Worte

Was mag sich ereignen? Einst Efeu umrankt
Der Sagen verlorene Spieler
Der Mythos entzaubert, der zittert und schwankt
Das glutweiße Schwert wird kalt und wird kühler

Ich suchte und fand das Heilige Kind
Und sah, wie es lernte zu fliegen
Dies ist der Eingang zum Welt-Labyrinth
Im Ziel wird der Weg das Böse besiegen

Ich bieg um die Ecke, vom Zufall geführt
Und höre die immerwährenden Klänge
Mein Herz ist vom Blut des Drachen berührt
Ich bieg um die Ecke, die ich bereits kenne

Und singe herbei die Wiedergeburt
Des im Kerker gefangenen Prinzen
Seine Seele war damals schon frei und war fort
Geprägt auf bereitliegend' goldenen Münzen

Hinter der Tür

Wenn kalte Asche
Noch einmal verbrennt
Um den Schmerz zu tilgen
Stehe ich hinter der Tür
Die sich von außen
Nicht öffnen lässt
Warten
Geduld
Warten
Hoffnung unterdrücken
Und dann plötzlich:
Die Freiheit
In wärmendem Licht
Der Durchsichtigkeit
Die mich eins werden lässt
Mit dem Feuer der Freude

Das Einhorn

So wie unten ist es oben
Und aus noch so kleinster Glut
Entfacht der Sterne Regenbogen
Die Schlange nicht mehr in sich ruht

Es straffen sich die Lebensfalten
Der Atem durch die Sonne strahlt
Wo Aufstiegs-Geister lenkend walten
Die Helligkeit mit Wärme prahlt

Spiegel-Teilchen-Mosaik
Das Einhorn, das mir einst entschwand
Besiegt den Tod, gewinnt den Sieg
Und trägt mich an des Weltalls Rand

Mut

Im See
Der Ungewissheit
Zu tauchen
Heißt
Das Wunder
Der Veränderung

Sphären

In der Nähe
Meines Turmes
Verschwinde ich
Ohne Konturen
Und mit mir
Mein Geist
In den Sphären
Der kosmischen
Harmonie

Das Neue Licht

Nie zuvor in all den Leben
Hat Alleinsein mich gelehrt
Nie zuvor ist all das Streben
Der vielen Tode Leben wert
Mit mir selbst den Frieden schließen
Sich in Form von Geist zu gießen

Empfangsbereit den Sturz vermeiden
Das Eigenlicht im Geist erhellen
Durch Größe wird das Sein bescheiden
Konzentrisch kreisen mit den Wellen
Zum Mittelpunkt der Welten kommen
In Weisheit ist das Tor ersonnen

Im Horizont sich auszuweiten
In der Ferne Sehnsucht Nähe
Mit dem Traumwind auf dem Licht entgleiten
Als des Segels Seelen-Böe
Um im Sternenmeer zu schweben
Helles Licht – in goldenes Licht erheben

Zurück

Ein gewaltiger Sturm
Zieht über den Planeten
Der Menschen
Denn sie haben vergessen
Auf die innere Stimme
Zu achten
Um den zarten Wind
Zu hören

Alte Liebe

Vor den Toren
Alter Liebe
Beginnt die Nacht
Zu singen
Von der verlorenen
Gewissheit
Nie zu sterben

Lebensbaum

Die Adern der Blätter durchziehen das Grüne
Eskortieren die Arme der Äste
Präsentier'n die Premiere der Weltwanderbühne
Erweitern die Sinne der blühenden Gäste

Durchdringen den Stamm der schützenden Rinde
Geben den Trägern des Lebens Bescheid:
Schieß in den Himmel, die Triebe entzünde
Sei gleich allen Wesen der Sonne geweiht

Mächtige Wurzeln gewähren den Halt
Flüssiges Licht pulsiert in den Menschen
Hinter den Bäumen versteckt sich der Wald
Inmitten von fallenden Grenzen

Erfüllung

Majestätisch
Fließt durch uns
Das Licht
Aus dem Quell
Der Harmonie
Zu den Strömen
Breiter Weisheit

Ein anderer Ort

Im blauen Schein der Tempelstadt
Juwelengleich die goldenen Erker
Funkeln Brunnen silbersatt
Die Schwingung ist hier stärker

Brilliantverziert die Prachtalleen
Weite Kuppeln, Palmenwälder
Brücken sind mit Duft versehen
Beide Monde werden heller

Geistvoll sprühen Funken
Paläste, Schlösser, Marmor-Villen
Neid und Trübsal sind versunken
Der Hunger ist durch Spaß zu stillen

Kreative Mußestunden
Der Körper Geist Versenkung
Seelenhälften sind gefunden
Im Gebet liegt die Verschwendung

Dächer glitzern wie Kristall
Nie gesehene Edelsteine
Der frischen Brise Reinheits-Schwall
Säulen, Bögen, Schmiede-Zäune

Bäche rauschen sanft dahin
Treffen sich am breiten Strom
Kupfer, Platin, Gold und Zinn
Vereinigung im Krönungs-Dom

Gepriesen durch der Klang Gesänge
Aus dem Äther – und aus Fantasie
Reichen Menschen sich die Hände
Zur ewig neuen Melodie

Minarette, Fensterrosen
Der Farben Wechsel in Gewändern
Aus Gedanken-Garn herbei gewoben
Je nach Laune zu verändern

Alt und Jung lernt zum Vergnügen
Zu erschaffen jene Welt
Tod und Krankheit sind vermieden
Im Licht, das aus der Schwingung quellt

An den Engel

Auf Deinen Flügeln möcht' ich schwingen
Hoch hinauf zum Licht empor
Das, was außen ist, sei nun auch innen
Von solcher Güte, wie noch nie zuvor

Die sich mit unserer Kraft vereint
Unbeirrbar Deinem Herzen folgt
Und Wunden Deiner Seele heilt
Sich nur vor Deinem Ich verbeugt

Am Firmament der Neuen Stunde
Sind Sonnenstrahlen unsere Boten
Es schließt und öffnet sich die Runde
Und endlich sterben alle Toten

Ausblick

Wenn der letzte Tag beginnt
Leuchten
Meine beiden Herzen
so hell
Wie künftig
Beide Sonnen

Der Atem der Erde

Im kleinsten Kern
Von allem
Was IST
Prallen fortwährend kugelrunde Lichter
Von innen
An die durchsichtigen Wände
Und leuchten auf
Im Wechselspiel
Aller Richtungen
Und formen dabei
Jeden Kern
Für die Dauer einer halben Ewigkeit
Zu einer Ellipse
Nur so
Kann die Erde atmen

Frei

Dem Ziel ist es egal
Welchen Weg du nimmst

Großer Bruder

Im Zinnober falscher Sterblichkeit
Gerinnt das Gold in Adern
Die Sättigung wird einverleibt
In tonnenschweren Quadern

Der Kondor aus der Neuen Welt
Bewacht des Auges Hochplateau
Des Blickes Richtung ist verstellt
Durch Neugeburt im schwarzen Stroh

Die untoten Seelen proben den Schrei
Gefangen in Fensterrosetten
Die angelnden Knechte versenken das Blei
Und ruhen des nächtens in brennenden Betten

Die Schwere der Krypta der Silber-Vampire
Verwaltet das Brot und die Spiele
Das erdige Rot reizt blutende Stiere
Der Inkubation der Wahrheit Gefühle

Die Waagschalen sind voneinander getrennt
Durch stetig sterbende Raupen
Die Sphinx als Verkünder des Weges erkennt
Den Ausdruck des Tieres in menschlichen Lauten

Der Turm allen Wissens schwimmt ohne Ruder
Dem Eisberg entgegen im Trübsal der Schlingen
Du armer, verwaister, des Spiels Großer Bruder
Dein Spiel der Bewachung wird
Knechtschaft Dir bringen

An alle

In lichtvollen Höhen
Will ich dich sehen
Den Scheitel der Sonne
Als Strahl ich bekomme
Verwandlung aufs Neue
Ist Licht, das ich streue
Kommt zu dir zurück
In leuchtendem Glück
Bringt dir das Verständnis
Die Hohe Erkenntnis
Ab jetzt zu erstreben
Es weiterzugeben
Mit diesem Zeichen
Gemeinschaft erreichen
Jeden Stern zu durchtränken
Um Licht zu verschenken

Warten

Jeder Einzelne
Von uns
Ist
Die Welt
Und die Welt
Wartet
Auf diese große Wiedervereinigung

Die Macht der Gedanken

In jeder Sekunde formt sich Materie
Unendlich erscheint diese Serie

Viele Systeme ordnen sich neu
Doch feste Verbände bleiben sich treu

Sie zu bezweifeln ist der erste Schritt
Verursacht die Wirkung den Ursachen-Schnitt

In vollem Bewusstsein Gedanken zu formen
Zerschlagen sich feste, denkende Normen

Ist frei dir zu wählen als Teil dieser Welt
Zu schaffen, was hier allen Wesen gefällt

So werde Gottmensch und brich Deine Schranken
Gebrauche die Macht der eigenen Gedanken!

Unsichtbar

In die Zeit
Reißt ein Loch
Flammen
Inferno
In letzter Sekunde
Der Sprung
Durch den Raum
Wüste
klaffende Wunde am Himmel
Jahrzehnte später
Begegnungen
Zwei Liebende
Und der Weg
Zurück
Um das Loch
Zu schließen
Erlösung der Zeit
Füreinander bestimmt

Die Lehre vom Sieg

Unerkannt wirken
Schar der Novizen
Im Herzen zu stärken
Aus Licht die Notizen

Verbreitung der Lehre
In Freiheit zu lieben
Im Fluss mit der Fähre
Den Fluss zu besiegen

Fragmente

Vertraue
Und lasse dich fallen
In ein rauschendes Fest
Aus Farben, Klängen und Düften
In der Erinnerung
Bleibst du
Ein buntes Mosaiksteinchen
Das manchmal
In mir aufleuchtet

Sterben

Das Lied der Schöpfung
Will ich singen
Um meine Flügel auszubreiten
Damit der endlose Traum
Des Ewigen Lebens
Mir den Weg
Zur Sonne
Zeigt
In Gedanken
Aus Licht

Danksagung

Mein Dank gilt Artur Brückmann, Carsten Lantzsch und Willehad Heyermann

Gedanken aus Licht

Gedichte

Udo Brückmann, geb. 1967, lebt als Pädagoge und Autor im ländlichen Niedersachsen. Im BoD-Verlag sind 2011 bereits die „Kindergedichte" erschienen, ISBN 978-3-8423-7955-8.
Veröffentlichungen in Anthologien kommen hinzu – u.a. für die Bibliothek deutschsprachiger Gedichte München und den Verein für Schriftstellerinnen und Künstlerinnen Wien von 1885.

Zusammen mit Volker Hedemann entstand der Roman „Zirkus Konzentrazani", 2013 erschienen im Geest-Verlag Vechta, ISBN 978-3-86685-420-8.
Erzählt wird die weitgehend unbekannte und unglaubliche Geschichte einer tatsächlich stattgefundenen Zirkusaufführung der Häftlinge des Konzentrationslagers Börgermoor im Sommer 1933. Das weltbekannte „Moorsoldatenlied" hatte hier seine Premiere.

Quellennachweis: Das Zitat von Friedrich Schiller stammt aus dem Gedicht „Die Gunst des Augenblicks" von 1802. www.friedrich-schiller-archiv.de